DECLARATION
ET PROTESTATION

de feu maiſtre Emond Richer
Docteur en Theologie, & grand
Maiſtre du College du Cardinal
le Moine.

Sur l'edition de ſon liure de la puiſſance
Ecclefiaſtique & Politique.

Faite entre les mains de Monſeigneur l'E-
minentiſſime Cardinal de Richelieu.

M. DC. XXXII.

DECLARATION

DE M. EMOND RICHER sur l'edition de son liure de la puissance Ecclesiastique & Politique.

IAY soubsigné Emond Richer Preſtre du diocese de Langres, Docteur de la sacrée Faculté de Theologie de Paris, & gråd Maiſtre du College du Cardinal le Moine en l'Vniuersité de Paris, ayant recogneu que quelques propositions du liure de la puiſſance Ecclesiaſtique & Politique que i'ay composé l'an mil six cens vnze, auoient eſté mal receuës, proteſte & declare par ces presentes, que i'ay touſiours voulu & veux encores souſmettre, tant

A ij

ma perſonne que mon ſuſdit liure,
& toutes les propoſitions d'iceluy,
auec l'interpretation d'icelle, & en
ſomme toute ma doctrine, au iuge-
ment de l'Egliſe Catholique Romaine, & du ſainct Siege Apoſtolique, que ie recognois eſtre la Mere
& Maiſtreſſe de toutes les Egliſes, &
iuge infallible de la verité. Et proteſte auoir eſté grandement faſché
d'auoir tellement mis en auant leſdi-
tes propoſitions, qu'elles ayent don-
né ſubiet d'offence, comme ſi ie vou-
lois amoindrir & retrácher quelque
choſe de la iuſte & legitime puiſſance du ſouuerain Pontife, & de meſ-
ſieurs les Prelats, bien que iamais ie
n'aye eu ceſte intention: leſquelles
propoſitions comme contraires (ſelon que les paroles le ſignifient) à
l'Egliſe Catholique Apoſtolique &
Romaine, ie condamne & improuue
grandement, proteſtant que ie fais

librement & volontairement ceſte
declaration, à fin de monſtrer mani-
feſtemēt à vn chacun mon obeïſ-
ſance au S. Siege Apoſtolique. Laquelle declaration i'ay iugé deuoir
eſtre conſignée entre les mains de
l'Illuſtriſſime Seigneur Cardinal de
Richelieu Prouiſeur du College de
Sorbonne, pour l'honneur & reue-
rence que ie luy porte ſelon mon deuoir; en foy & aſſeurãce dequoy i'ay
conceu la preſente declaration &
proteſtation, laquelle i'ay eſcrite &
ſignée de ma propre main l'an 1629.
ce Vendredy 7. de Decembre, en pre-
ſence de maiſtre Charles Talon Curé de ſainct Geruais en ceſte ville de
Paris, & du Pere Ioſeph Pariſien de
l'Ordre des Capucins.

E. RICHER.

TALON.   Fr. IOSEPH.

A iij

DECLARATIO EMVNDI Richerij super editione Libelli sui, De Ecclesiastica & Politica poteſtate.

EGO *Emūdus Richer, Presbyter Diæceſis Lingonēnſis, Doctor ſacræ Facultatis Theologiæ Pariſiēſis, & Magnus Magiſter Collegij Cardinalitij Vniuerſitatis Pariſienſis ſubſignatus: Quū perſpexerim quaſdam propoſitiones Libelli à me ſcripti anno milleſimo ſexcenteſimo vndecimo, De Eccleſiaſtica & Politica poteſtate, in malam partem acceptas: hîc proteſtor & declaro me ſemper voluiſſe, atque etiam nunc velle, & meipſum & Libellum præfatum, quaſcumque eius propoſitiones, earúmque interpretationes, omnémque meam doctrinam Eccleſiæ Catholicæ Romanæ, & ſanctæ Sedis Apoſtolicæ iudicio ſubiicere, quam matrem*

& magiſtram omnium Eccleſiarum, &
infallibilem veritatis Iudicem agnoſco.
Ac proteſtor permagnum concepiſſe dolo-
rem, aliquas propoſitiones memorati Libelli ſic à me eſſe conſcriptas, vt occaſio-
nem offenſionis dederint, quaſi iuſtæ &
legitimæ poteſtati Summi Pontificis, &
Dominorum Prælatorum Eccleſiæ ali-
quid diminutum, aut detractum vellem,
licet talis intentio mea non fuerit. quas
quidem propoſitiones, quatenus Eccleſiæ
Catholicæ, Apoſtolicæ & Romanæ iudicio, vt ſonant, contrarias, vehemen-
ter improbo & condemno. quam declarationem profiteor me liberè & volunta-
riè edidiſſe, vt mea erga ſanctam Sedem
Apoſtolicam obedientia cunctis pateat,
eámque inter manus Illuſtriſſimi Domini
Cardinalis de Richelieu, Proniſoris Sor-
bonæ, conſignandam cenſuiſſe, pro ra-
tione obſeruantiæ & debiti mei erga eun-
dem Dominum Illuſtriſſimum Cardina-
lem. In cuius rei fidem & teſtimonium

præsentem declarationem & protestationem concepi, meáque manu scripsi & ob-
signaui. Anno Domini millesimo sexcen-
tesimo vigesimo nono, die Veneris septima
Decembris, præsentibus Magistro Carolo
Talon, Parocho sancti Geruasij Parisiensis, & Patre Ioseph Parisiensi Or-
dinis Capucinorum. E. RICHER.
TALON. F. IOSEPH.

AVIOVRD'HVY datte des presentes
est comparu pardeuant les Notaires Gar-
denottes du Roy nostre Sire au Chastelet de
Paris soubzsignez, venerable & scientifique
personne Maistre Emond Richer Docteur en
la faculté de Theologie de Paris, & grand
Maistre du College dit du Cardinal le Moyne,
fondé en l'Vniuersité de Paris, que S. Victor,
lequel volontairement a recogneu & confessé
auoir escrit & signé le contenu cy dessus, qui
est veritable, dont il a requis ausdits Notaires soubz signés le present acte en l'Estude de
Iutet; l'vn desdits Notaires soubzsignez, le
Vendredy apres midy 7. iour de Decembre, l'an
1629. & a signé en la minute du present acte.

E. RICHER. CONSTANT. IVTET.

L'an.

L'An 1631. le 9. iour de Decembre pardeuant moy Pierre le
Gay Notaire Apostolique, & de la
Cour Archiepiscopale de Paris,
deuëment immatriculé suiuant l'E-
dict du Roy, demeurant à Paris ruë
neuue Nostre Dame, Paroisse sain-
cte Geneuiéue du miracle des Ar-
dens, soubsigné, & en la presence des
tesmoins cy-apres nommez. Furent
presens en leurs personnes maistres
Leonard Fourment Prestre Curé de
la Paroisse de S. Iean l'Euangeliste
du College du Cardinal le Moyne
en l'Vniuersité de Paris, Charles
Ternois aussi Prestre & Bachelier en
Theologie, Vicaire de ladite Paroisse, Boursier Theologien dudit College, & Iean du Tour Prestre Docteur en Theologie, & Principal du
mesme College ; Lesquels pour le

bien & vnion de l'Eglise, l'honneur du S. Siege Apostolique, & la bonne renommée de leur College, se sentans obligez en conscience de tesmoigner & declarer ce qu'ils ont appris, oüy dire, & protester à venerable homme feu maistre Emond Richer, viuant Docteur en Theologie, & grand Maistre du susdit College du Cardinal le Moyne, touchant la declaration qu'il a faite depuis deux ans en ça, de son liure *de Ecclesiastica & Politica potestate*, protestation & submission entre les mains de Monseigneur l'Eminentissime Cardinal de Richelieu, de viure & mourir en l'obeïssance de nostre S. Pere le Pape, pour fermer la bouche aux médisans & calomniateurs, contre la bonne renommée & bons sentimens dudit defunct Richer, declarent & tesmoignent ce qui s'ensuit. C'est à sçauoir que ledit Richer leur

a protesté, dit & declaré, sans estre
requis, que la declaration, protestation, & submission susdite auoit
esté faite par luy, auec vne entiere
liberté, de son plain gré, & sans au-
cun respect, que les menaces ny les
promesses n'auoient iamais eu aucu-
ne force pour luy faire dire & declarer chose qui luy fust desagreable, &
contre son sentiment ; & qu'apres a-
uoir fait ceste declaration qu'il mou-
roit content. Que par ces moyens il
s'estoit reconcilié auec ceux qui a-
uant icelle estoient estimez ses ennemis ; mesme tesmoignent lesdits
Fourment & Ternois qu'au mois
d'Aoust dernier ledit Richer ayant
pris resolution de se mettre à la tail-
le, & se disposant à la mort, comme
ils luy parlerent de ladite declaration & protestation, pour s'acquit-
ter de leur charge, il leur reïtera &
repeta les mesmes choses que dessus,

B iij

& leur dit qu'il approuuoit la declaration , proteſtation & ſubmiſſion
par luy faite touchant ſondit liure :
& que ceux eſtoient ſes ennemis qui
faiſoient courir le bruit qu'il auoit
fait ladite declaration contre ſa vo-
lonté, ſon ſentiment, & par reſpect
de mondit ſeigneur lē Cardinal de
Richelieu. Dont & de laquelle declaration & teſmoignage leſdits
ſieurs comparans ont requis acte à
moy Notaire ſuſdit & ſoubſigné, à
eux octroyé, pour ſeruir & valoir en
temps & lieu ce que de raiſon. Ce fut
fait en la maiſon de moy dit Notaire
les an & iour que deſſus. Es preſen-
ces de maiſtres Pierre de la Ruë Ap-
pariteur és Cours Eccleſiaſtiques à
Paris,& André le Vaſſeur Clerc ton-
ſuré du Diocese de Soiſſons demeurant à Paris, teſmoins à ce requis &
appellez,qui ont ſigné en la minutte
des preſentes,auec leſdits ſieur Four-

ment, Ternois, de la Tour, & moy
Notaire ſoubſigné.

LE GAY, Notaire ſuſdit.

ANno Domini milleſimo ſexcenteſimo trigeſimo primo, die nona Decembris, coram me Petro le Gay ſanctæ
Sedis Apoſtolicæ & Curiæ Archiepiſco-
palis Pariſienſis Notario debitè iuxta e-
dictum regis immatriculato, Pariſiis in
vico noſtræ dominæ Parochiæ ſanctæ Ge-
nouefæ de miraculo ardentium commo-
rante, ſubſignato, & in præſentia teſtium
infra nominandorum : perſonaliter com-
paruerunt magiſtri Leonardus Fourment
Presbyter Curatus Parochiæ ſancti Ioan-
nis Euangeliſtæ Collegij Cardinalis Monachi, in Vniuerſitate Pariſienſi fundati,
Carolus Ternois etiam Presbyter &
Theologiæ Baccalaureus, nec non dictæ
Parochiæ Vicarius, atque Burſarius
Theologus prædicti Collegij & Ioannes

du Tour *Presbyter*, *Doctor Theologus*, & *Primarius eiusdem Collegij*, *qui pro salute & vnione Ecclesiæ*, *sanctæ Sedis Apostolicæ honore*, & *vt integra prædicti Collegij fama conseruetur*, *credentes se in conscientia adstrictos esse ad testādum & declarandum quod acceperunt & audierunt à venerabili viro magistro Emundo Richer*, *dum viueret*, *Doctore Theologo*, & *Archididascalo Collegij Cardinalis Monachi*, *super declaratione libri sui de Ecclesiastica & politica potestate*, *ab eo à duobus annis habita*, *nec non protestatione & submißione sua inter manus D. D. Eminentißimi Cardinalis de Richelieu*, *viuendi & moriendi in obedientia sanctißimi Domini nostri Papæ*, *ad obstruendum os maledicentium & ca umniantium contra memoriā & famamlatq; sana consilia dicti defuncti Richer*, *ea quæ sequuntur declarant & testantur. Scilicet prædictum Richer sponte & absque cuiusquam impulsu & requisitione signifi-*

casse, & constanter affirmasse, prædictam
suam declarationem, & protestationem à
se cum amplissima libertate, & plenaria
voluntate, nec non absque cuiusquam re-
spectu factam fuisse, & nullas minas nul-
lásque promissiones vim vllam apud se vn-
quam habuisse, quatenus diceret & decla-
raret ea quæ sibi minimè arridebant, aut
contra mentem suam pugnabant: séque
facta hac declaratione in quiete & tran-
quillitate diem suum extremum clausu-
rum, eo quod beneficio illius sibipsi conci-
liasset eos qui sibi antea infensi & inimici
credebantur: Insuper testantur prædicti
Fourment & Ternois se mense Augusto
nuper elapso cum ipso Richerio post reso-
lutionem ab eo cœptam sustinendi incisio-
nem, séque propterea ad mortem præpa-
randi, pro debito sui officij de prædicta declaratione & protestatione egisse, quiqui-
dem ea quæ supra sunt exposita eis reite-
rauit: quod nempe declarationem & protestationem prædictam quam de libro suo

*fecerat approbabat, & eos esse suos ini-
micos declarabat, qui rumorem sparge-
bant se prædictam declarationem inuitum
& contra voluntatem aut sententiam
suam, seu propter reuerentiam atque re-
spectum erga prædictum Dominum Car-
dinalem de Richelieu fecisse & habuisse.
De quo quidem testimonio prædicti domini comparentes à me Notario prædicto
& subsignato actum postularūt, quem il-
lis ad sibi tempore & loco seruiendum ex-
hibui. Acta sunt in domo mea anno & die
predictis, in præsentia magistrorum Petri
de la Rue, in Curiis Ecclesiasticis huiusce
vrbis Parisiensis Apparitoris, & An-
dreę le Vasseur Clerici tonsurati, ad hoc
requisitorum & vocatorum, qui in auto-
grapho præsentium cum dominis Fourment, Ternois, du Tour, & me Notario
subsignarunt.*

LE GAY.

www.ingramcontent.com/pod-product-compliance
Lightning Source LLC
LaVergne TN
LVHW050232180726
843501LV00013BB/3780